Inhalt

> Hallo, wir sind die Lern-Detektive und lösen gerne knifflige Aufgaben. Hilfst du uns, den Code am Ende des Heftes zu knacken?

Konfetti   Karlo

▪ Im Heft findest du Regeln und Tipps, die dir beim Lösen der Aufgaben helfen.

▪ Aufgepasst: Die Aufgaben mit einer sind etwas schwieriger.

▪ Lege die  auf die roten Lösungsfelder, dann werden die richtigen Ergebnisse sichtbar.

D1720571

So kannst du auch sagen:

Namenwort – Hauptwort, Nomen, Substantiv

Tunwort   – Zeitwort, Verb

Wiewort   – Eigenschaftswort, Adjektiv

Begleiter   – Artikel

Mitlaut   – Konsonant

Selbstlaut   – Vokal

Namenwörter

1 Julia und ihre Mutter wollen Kuchen backen.
Welche Zutaten müssen sie einkaufen?
Setze die Silben zusammen und schreibe
die Wörter mit Begleiter auf.

Zu- -ter
-ko- Scho- -la-
Mehl -de -cker
Ei- But-
-er

der Zucker, _____

_____

_____

Regel Namenwörter bezeichnen Dinge,
Lebewesen oder Namen. Namenwörter
werden großgeschrieben. Oft steht
ein Begleiter (*der, die* oder *das*) dabei.

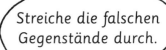

Streiche die falschen
Gegenstände durch.

2 Welche Dinge gehören in die Küche?

Topf, Rad, Ball, Löffel, Glas, Fahrrad, Auto,

Puppe, Tasse, Flöte, Kanne, Bett, Kissen,

Gabel, Säge, Zange, Pferd, Teller, Messer

3 Findest du die Dinge, die Julia und ihre Mutter zum Backen brauchen? Ergänze die Wörter.

der

__ __ ck __ r

__ ss __ __ ff __ l

die

__ c __ __ ss __ l

__ aa __ __

das

__ __ ck __ u __ h

__ __ ss __ __

4 Aus Teigresten formt Julia eine Schlange.
Kreise alle Namenwörter darin ein.

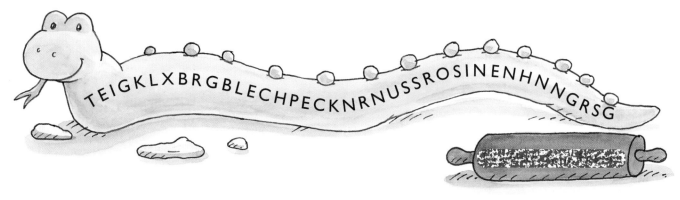

TEIGKLXBRGBLECHPECKNRNUSSROSINENHNNGRSG

5 Bilde mit den Wörtern aus Aufgabe 4 zusammen-gesetzte Namenwörter und schreibe sie auf.

Teig + Schüssel = Teigschüssel,

Tunwörter

1 Spure die Wollfäden mit einem Stift nach,
dann weißt du, was Annikas Katze Minka
am liebsten tut. Schreibe die Tunwörter auf.

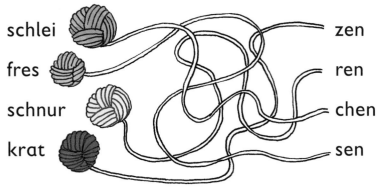

schlei   zen

fres   ren

schnur   chen

krat   sen

_____

_____

Regel Tunwörter sagen aus, was jemand tut.
Sie werden kleingeschrieben.
Tunwörter haben eine Grundform.
Beispiel: er sagt ⟶ Grundform: sagen

2 Male alle Felder mit einem Tunwort bunt an.

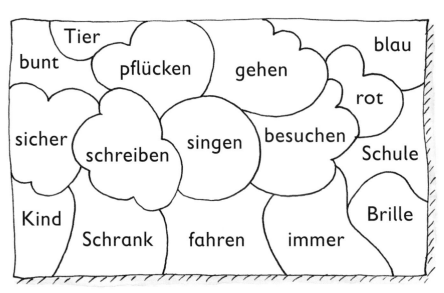

Tier
bunt
pflücken   gehen   blau
rot
sicher
schreiben   singen   besuchen   Schule
Kind   Brille
Schrank   fahren   immer

Weißt du,
wo sich Minka
gern versteckt?

3 Und was tut Annika nachmittags?
Setze die Tunwörter aus Aufgabe 2 in
der richtigen Form in die Lücken ein.

Sie _____ einen Brief.

Manchmal _____ sie Blumen.

Oft _____ sie ins Schwimmbad.

Sie _____ gerne Lieder.

Sie _____ ihren Opa.

Sie _____ mit dem Fahrrad.

4 Minka hat Annikas Bücher ganz schön
durcheinandergebracht. Kannst du die Tunwörter
mit der passenden Grundform verbinden?

1 du spielst	a lachen
2 ich arbeite	b spielen
3 sie lachen	c arbeiten

5 Wo hält sich Annikas Katze vor Konfetti versteckt?
Schreibe die Tunwörter in der passenden Form auf:
tauchen, galoppieren, fliegen, schwimmen.

Das Pferd _____ .
                   2

Der Vogel _____ in die Ferne.
           3

Der Fisch _____ in die Tiefe.
           4

Die Ente _____ auf dem Wasser.
       1

Minka sitzt
unter dem

_____
1 2 3 4

Wiewörter

1 a) Lies den Text. Trage auf dem Hasenstall
die fehlenden Buchstaben der Wiewörter ein.
Findest du das passende Tier dazu? Verbinde.

Tim besucht oft seinen Nachbarn.
Er hat viele Tiere: kleine Kaninchen,
zwei junge Katzen, ein braunes Pony
und einen frechen Papagei.

___rech •

___raun •

___ung •

___lein •

b) Suche zu den Wörtern die Gegensätze und
finde passende Adjektive. Schreibst du sie
klein oder groß?

schnell – _____   schwach – _____   laut – _____

Regel Wiewörter sagen dir, wie etwas ist.
Sie werden kleingeschrieben.
Beispiel: ein großer Tisch.

2 Wie sehen die Kaninchen aus?
Streiche die Wiewörter durch, die nicht passen.

groß
hässlich
weich
dünn
niedlich
braun
bunt

3 Lies den Text und streiche das Wiewort durch,
das nicht zu den Tieren passt.

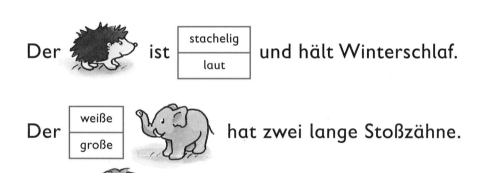

Der  ist [stachelig / laut] und hält Winterschlaf.

Der [weiße / große]  hat zwei lange Stoßzähne.

Der  hat eine lange Mähne und ist [fröhlich / gefährlich].

4 Setze für die Bilder Wörter ein
und schreibe die Wiewörter auf die Linien.

w 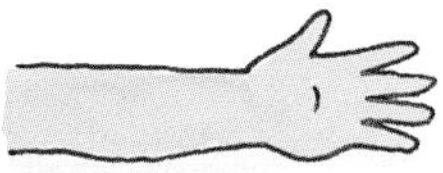

kl  n [redacted]

 lich [redacted]

 ig [redacted]

bc  sam [redacted]

 lich [redacted]

warm, ____________________

____

Denke dir
noch mehr solcher
Bilderrätsel aus.

Groß- und Kleinschreibung

1 Olli ist neu in der Klasse. Willst du mehr über ihn wissen? Dann trage die fehlenden Wörter in den Steckbrief ein. Die Wörter helfen dir.

HANDBALL   BRUDER
PILOT   HAARE
NASE   AUGEN

Ich habe braune _____ .

Meine _____ sind blau.

Auf der _____ habe ich viele

Sommersprossen.

Ich habe einen kleinen _____ .

Am liebsten spiele ich _____ .

Später will ich _____ werden.

Regel Satzanfänge und Namenwörter werden immer großgeschrieben.

2 Was wollen die Kinder von Olli wissen?
Trage die richtigen Fragewörter ein.

_____ wohnst du?

_____ hast du Geburtstag?

_____ sieht dein Zimmer aus?

_____ ist dein Lieblingsfach?

3 Da ist wohl etwas durcheinandergeraten.
Kannst du Ollis Antworten trotzdem verstehen?
Schreibe die Wörter richtig auf.

Mein Geburtstag ist im **ILUJ**.
Ich wohne in **NLÖK**.
Mein Lieblingsfach ist **TROPS**.
In meinem Zimmer steht ein **TTEBKCOTS**.

Pass auf:
Die Wörter sind
rückwärts geschrieben.

4 Kannst du die Sätze auf der Tafel lesen?
Ein bestimmter Buchstabe fehlt. Trage ihn ein.
Achte auf die Groß- und Kleinschreibung.

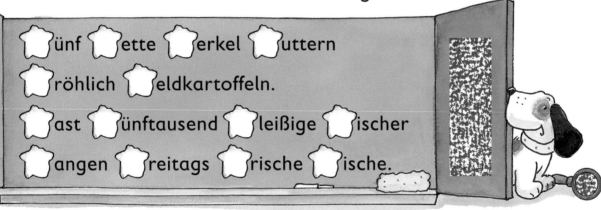

◯ünf ◯ette ◯erkel ◯uttern

◯röhlich ◯eldkartoffeln.

◯ast ◯ünftausend ◯leißige ◯ischer

◯angen ◯reitags ◯rische ◯ische.

5 Ergänze die fehlenden Punkte. Setze dann die
Anfangsbuchstaben aller Wörter am Satzanfang
zusammen. Weißt du, welche Tiere Olli mag?

Heute freut sich Olli um drei Uhr holt er
seinen neuen Freund Stefan vom Bus ab nach
dem Essen spielen sie Ball dann muss Stefan
wieder heim es war ein schöner Nachmittag

Olli mag H ☐ ☐ ☐ ☐ . ▨▨

Einzahl / Mehrzahl

1 Hilfst du Karlo, seinen Schreibtisch aufzuräumen?
Zähle die Dinge und schreibe die Wörter
mit ihrem Begleiter in die passende Spalte.

Einzahl

das Buch,

Mehrzahl

die Stifte,

Regel In der Einzahl stehen bei Namenwörtern
die Begleiter *der, die* oder *das.* In der Mehrzahl
heißt der Begleiter *die.* Die Mehrzahl wird
oft mit einem Umlaut gebildet, z. B. Fuß – Füße.

2 Welche Dinge siehst du in Karlos Zimmer?
Verbinde die Bilder mit den passenden Wörtern.
Schreibe die Wörter in der Mehrzahl und
mit dem richtigen Begleiter auf.

die Uhr – _____ .

das Buch – _____ .

der Stift – _____ .

das Regal – _____ .

der Block – _____ .

der Kalender – _____ .

3 Welche Wörter stehen in der Mehrzahl?
Male diese Hefte bunt an.

Häuser   Maus   Hund

Vögel   Blumen   Bälle

4 Auf Karlos Block fehlen die Endungen der
Mehrzahlwörter. Hilfst du ihm, sie einzutragen?

Heft_e_   Radiergummi___

Tisch___   Bild___

Zahl___   Lied___

Spiel___   Auto___

5 Konfetti hat Karlos Tier-Puzzle durcheinandergebracht. Welche Puzzleteile passen zusammen?
Verbinde sie und ergänze die fehlenden Buchstaben.

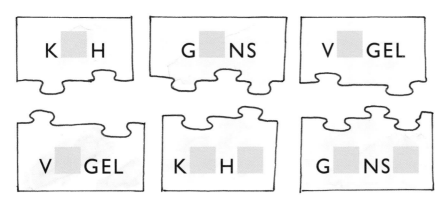

K H   G NS   V GEL

V GEL   K H   G NS

Wörter mit a/ä und au/äu

1 Was fotografiert Paul? Das Wortbild verrät es dir. Schreibe die drei Wörter in der Mehrzahl auf. Fällt dir etwas auf?

Baum
Baum Baum Baum
Blatt Baum Baum Baum Blatt
Blatt Blatt Blatt Blatt Blatt
Blatt Blatt Blatt
Stamm
Stamm
Stamm
Stamm

Versuche, andere Wortbilder zu bauen, z. B. mit den Wörtern Haus und Dach.

Tipp Das a wird bei Namenwörtern in der Mehrzahl häufig zu ä, das au wird oft zu äu.

2 Welche Blätter gehören zusammen? Verbinde sie.

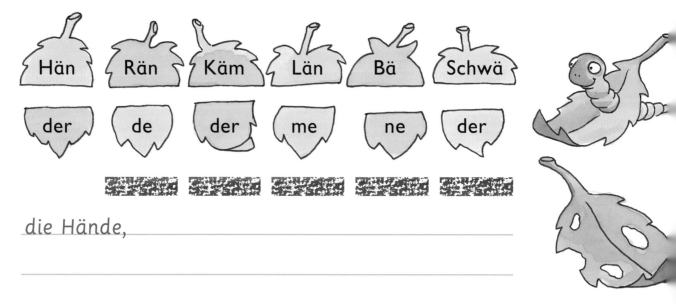

Hän   Rän   Käm   Län   Bä   Schwä

der   de   der   me   ne   der

die Hände,

3 a) Welches Reimwort gehört zu welchem Baum?
Trage die fehlenden Buchstaben ein.
Verbinde die Wörter mit dem richtigen Baum.

Bäume   Maus   Haut

Tr äu me   L___s

　　　Kr___t   R___me   H___s

Br___t

b) Denke dir mit zwei der Reimwörter
einen lustigen Satz aus.

4 Kannst du das Rätsel lösen?

Damit kannst du deine Haare glätten:

In den Ferien reisen viele Leute in andere

.

Damit kannst du die Tafel putzen:

Ein Auto hat vier davon:

Hier sind
Wörter mit a und ä
gesucht.

13

Doppelte Mitlaute

1 Welche Dinge sind in Monas Zimmer verstreut?
Trage die Reimwörter ein, dann weißt du es.

Mappe

P _____

Kamm

Sch _____

2 Lies die Reimwörter laut. Wie sprichst du
den Buchstaben vor dem doppelten Mitlaut?

Regel Vor einem doppelten Mitlaut steht
immer ein kurz gesprochener Selbstlaut, z. B. Tasse.
Die Buchstaben *a, e, i, o, u* nennt man Selbstlaute,
die anderen Buchstaben Mitlaute.

3 Mona will ihren Schrank aufräumen. Hilfst du
ihr dabei? Setze die Silben zusammen und
trage die Wörter in die richtigen Kisten ein.

Spielkiste

Küche

Pup-
-dy
Ball
Tel-
-se
-ser

Ted-
Tas-
Mes-
-pe
-ler

14

4 Trage die fehlenden Buchstaben in die Tunwörter ein. Verbinde jedes Kuscheltier von Mona mit dem richtigen Tunwort.

su _____ en

kle _____ _____ ern

schnu _____ _____ en

bru _____ _____ en

5 Auf Monas Stoffschlange stehen viele Wörter mit doppelten Mitlauten. Kreise sie ein. Die Buchstaben, die übrig bleiben, verraten dir Monas Lieblingsspiel.

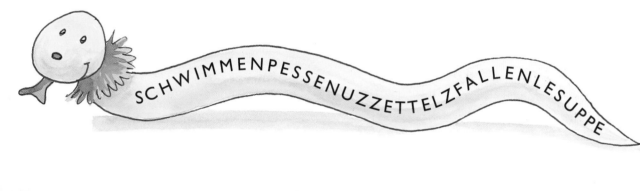

SCHWIMMENPESSENUZZETTELZFALLENLESUPPE

6 Male die Felder in der richtigen Farbe aus.
Rot: Tunwörter mit doppeltem Mitlaut
Blau: Namenwörter mit doppeltem Mitlaut

Erkennst du das Muster von Monas Teppich? Wie sieht es aus?

Papier	Zimmer	wissen	malen
Wanne	Spinne	rennen	stellen
gehen	Roller	essen	Bad

Wörter mit ST/SP

1 Findest du im Text alle Wörter mit *St/st* oder *Sp/sp*? Unterstreiche sie und lies die Wörter laut. Welchen Laut hörst du am Anfang?

Stefan und seine Freunde haben im Schwimmbad viel Spaß. Sie springen vom Sprungbrett und spritzen sich gegenseitig nass.

Regel Wenn du nach dem Laut *Sch/sch p* oder *t* hörst, dann schreibe: Sp/sp oder St/st, z. B. Spiel, stehen.

2 Auf Karlos Handtuch stehen viele Wörter mit *Sp/St*. Findest du sie? Kreise die Wörter ein.

SPORTTISCHSTECKERSAURIER

SPIELSANDMANNSTEINSAFTEIS

3 Die Kinder haben zwei große Badeschlangen dabei.
Darauf haben sich Wörter mit *sp* und *st* versteckt.
Welche? Schreibe die Wörter auf.

sp | ringen | ielen | innen | ülen

st | recken | ellen | olpern | rafen

_____

_____

_____

4 Setze die Buchstaben richtig zusammen
und schreibe die Wörter auf.

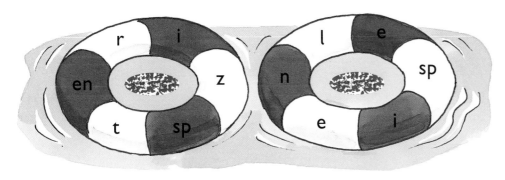

r | i
en | z
t | sp

l | e
n | sp
e | i

Was kannst du
im Schwimmbad
alles tun?

_____   _____

5 Hier werden Tunwörter mit *st* gesucht.
Du kannst dir auch lustige Sätze ausdenken.

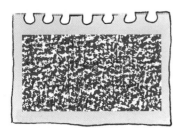

Der Stern _____ .

Der Stiefel _____ .

Der Stein _____ .

Wörter mit ie

1 Lies den Text laut.
Wie sprichst du das *i* in den Wörtern?

Laura spielt mit ihrer Schwester auf dem Spielplatz. Dort stehen vier verschiedene Spielgeräte.
Am liebsten bauen die beiden riesige Sandburgen.

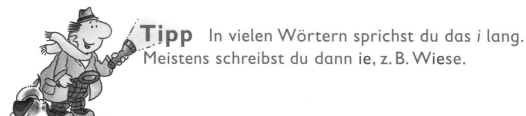

Tipp In vielen Wörtern sprichst du das *i* lang.
Meistens schreibst du dann ie, z. B. Wiese.

2 Kannst du jetzt diese Fragen beantworten?
Schreibe die Lösungen auf.
Unterstreiche das *ie* in allen Wörtern.

Was tun die Kinder auf dem Spielplatz?

_____

Wie viele Spielgeräte stehen dort?

_____

Wie sieht die Sandburg aus?

_____

3 Suche alle Wörter mit *ie* und male diese Felder an.

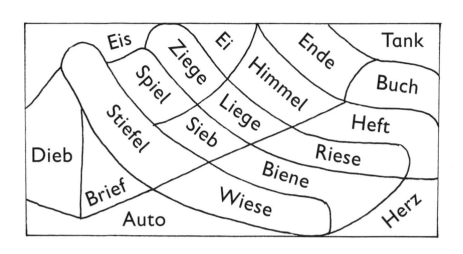

Eis · Ziege · Ei · Ende · Tank · Spiel · Himmel · Buch · Stiefel · Liege · Heft · Dieb · Sieb · Riese · Brief · Biene · Wiese · Herz · Auto

Welches Spielgerät kannst du sehen?

4 Die Kinder haben Wörter in den Sand geschrieben. Setze die Silben richtig zusammen. Welcher lustige Satz ergibt sich?

1 Liebe

2 _____

3 _____

4 _____

5 _____

¹ Lie-   -gen   ³ schie-

² Rie-   -sen   -be

-le   -ben

⁵ Flie-   ⁴ vie-

Lösung: Liebe _____

5 Suche auf der Doppelseite Wörter mit *ie*. Unterstreiche sie und lass sie dir auf deinen Rücken schreiben. Kannst du alle erraten?

Wörter mit g/k

1 Welche Verkleidungen tragen die Kinder
beim Schulfest? Trage die fehlenden Buchstaben ein.

Ti____er

Zwer____

Vo____el

Köni____

Tipp Du hörst, ob ein Wort mit *g* oder *k* endet,
wenn du es verlängerst.
Bilde bei Namenwörtern die Mehrzahl:
der Weg – die Wege.
Setze Wiewörter vor ein Namenwort:
lustig – ein lustiges Buch

2 Ergänze die fehlenden Buchstaben.
Verbinde dann die Wörter in der richtigen
alphabetischen Reihenfolge. Was siehst du?

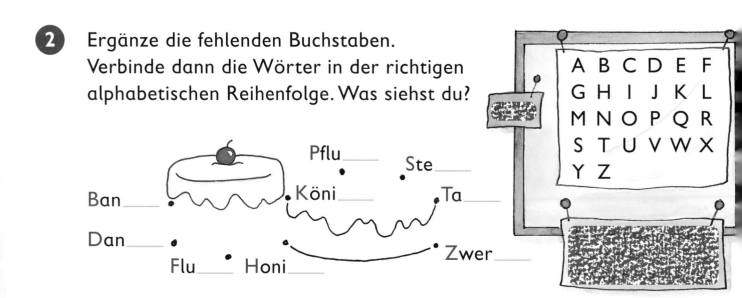

Pflu____
Ste____
Ban____
Köni____
Ta____
Dan____
Flu____ Honi____
Zwer____

A B C D E F
G H I J K L
M N O P Q R
S T U V W X
Y Z

20

3 Auf dem Schulfest gibt es sogar eine Geisterbahn.
Kannst du die fehlenden Buchstaben auf dem Plakat
ergänzen? Schreibe die vollständigen Wörter auf.

Welcher
Buchstabe fehlt?
Was fällt dir auf?

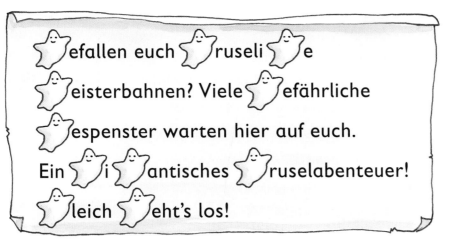

efallen euch ruseli e
eisterbahnen? Viele efährliche
espenster warten hier auf euch.
Ein i antisches ruselabenteuer!
leich eht's los!

4 a) Der Schulhof ist mit bunten Luftballons geschmückt.
Setze die Wörter darauf zusammen.

 b) Willst du wissen, welcher Luftballon Konfetti
besonders gefällt? Dann suche den Ballon mit
dem längsten Wort.
Er hat die Farbe _____ .

Doppelte Selbstlaute

1 Lies den Text laut. Schreibe alle Wörter
mit doppeltem Selbstlaut auf.

Lisa macht mit ihrem Vater eine Bootsfahrt
auf dem See. Auf dem Wasser sind
noch ein paar andere Boote zu sehen.

Wie sprichst du die doppelten Selbstlaute?

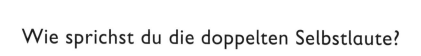

Tipp In einigen Wörtern wird das
lang gesprochene *a*, *e* und *o* verdoppelt,
z. B. H<u>aa</u>re, M<u>ee</u>r, Z<u>oo</u>.

2 Schau dir die Bilder auf den Segeln genau an.
Welche Wörter haben einen doppelten Selbstlaut?
Male diese Dinge bunt an und schreibe sie auf.

3 Entdeckst du auf dem Steg alle Wörter
mit doppeltem Selbstlaut? Umkreise sie.

Aufgepasst:
Insgesamt sind 5
Wörter versteckt.

4 Setze die Buchstaben in den Fischen richtig
zusammen. Schreibe die Wörter auf.

_____

_____

_____

_____

5 Lies die Wörter laut. In jeder Reihe passt ein Wort
nicht zu den anderen. Unterstreiche es.

Sommer – Sonne – Schnee
Apfel   – Birne – Boot
Auto   – Beere – Fahrrad
Saal   – Tanne – Wald
Hund   – Katze – Fee

Wörter mit ck

1 Was machen die Kinder? Lies den Text.
Weißt du, welche Buchstaben fehlen?

Svenja und ihre Freundin machen ein Pi◯ni◯.

Sie haben eine De◯e und Beste◯ dabei.

Auch Spe◯ und Brot haben sie eingepa◯t.

Dem neugierigen Hund hat Svenja etwas

Le◯eres zugeste◯t, aber er le◯t lieber

an einem dre◯igen Sto◯.

2 a) Lies die Wörter mit *ck* laut.
Wie sprichst du den Selbstlaut vor dem *ck*?

Regel Das *ck* steht nur hinter einem
kurz gesprochenen Selbstlaut,
z. B. Fleck.

b) Bringe die Wörter wieder in die richtige
Reihenfolge.
Tipp: Du findest die Wörter im Text.

KSOTC _____ ▦   EEDKC _____ ▦

3 In den Blütenblättern auf der Wiese haben sich Wörter versteckt. Schreibe sie auf.

Sprich die Wörter Silbe für Silbe laut. Klatsche bei jeder Silbe einmal in die Hände, z. B. De-cke.

schme
drü   entde
ck
en   en
en

_____
_____
_____

Verste
Dre   Kni
ck
Fle   Glü
Blo

_____   _____
_____   _____
_____

4 Kannst du jedes Namenwort mit dem passenden Tunwort verbinden?

1 Versteck   **a** wecken
2 Schreck   **b** verstecken
3 Wecker   **c** erschrecken

5 Suche dir drei Wörter mit ck aus und bilde mit ihnen einen lustigen Satz. Schreibe ihn auf und lies ihn vor. Versuche es auch mit mehr als drei Wörtern.

_____

_____

Wörter mit eu

1 Lies den Text und unterstreiche alle Wörter mit *eu*. Wie viele sind es?

Heute macht Sina mit ihren Freunden einen Ausflug zur Burg. Um neun Uhr treffen sie sich. Alle freuen sich schon.

2 Aus der alten Burgmauer sind einige Steine herausgefallen. Kannst du sie wieder einsetzen?

heu te de er Un ge er te Freu heu Feu heu Leu

3 Male alle Felder aus, in denen du ein sinnvolles Wort lesen kannst.

Wovor haben die Leute in der Burg Angst?

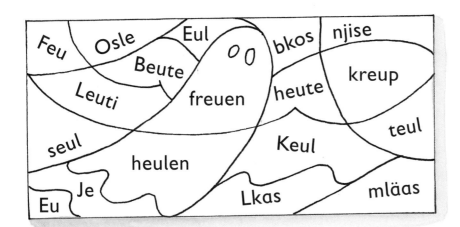

Feu · Osle · Eul · bkos · njise · Beute · freuen · heute · kreup · Leuti · seul · Keul · teul · heulen · Je · Eu · Lkas · mläas

4 Sina erzählt ihren Eltern abends von dem Ausflug. Trägst du die fehlenden Wörter ein? Achte auf die Groß- und Kleinschreibung.

_____ war der schönste Tag in dieser

Woche.

Um _____ Uhr war es schon ganz warm.

Meine _____ und ich hatten viel Spaß.

In der Burg war es toll. Stellt _____ vor,

die _____ haben erzählt, dass es dort spukt.

FREUNDE
NEUN
EUCH
LEUTE
HEUTE

5 Kennst du das Gegenteil? Suche ein Wort mit *eu*.

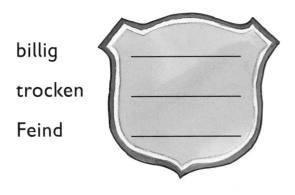

billig _____

trocken _____

Feind _____

alt _____

Trauer _____

lachen _____

Wörter mit tz

1 Willst du wissen, was Julian und seine Freunde im Zeltlager erleben? Dann lies den Text und trage die fehlenden Buchstaben ein.

Am Abend sien die Kinder am Lagerfeuer.

Plölich blit und donnert es. Regentropfen

sprien ihnen ins Gesicht. Der Zeltpla ist

ganz nass. Sie packen schnell ihre Matraen

zusammen und suchen Schu im Zelt.

2 Welche Buchstaben hast du eingetragen?
Wie sprichst du den Selbstlaut davor?

Regel Das tz steht nur hinter einem kurz gesprochenen Selbstlaut, z. B. Ka̲tze.

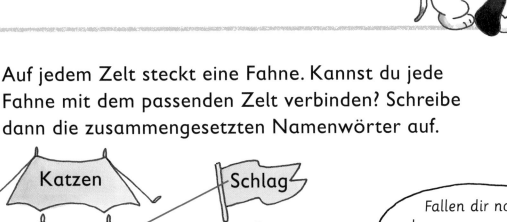

3 Auf jedem Zelt steckt eine Fahne. Kannst du jede Fahne mit dem passenden Zelt verbinden? Schreibe dann die zusammengesetzten Namenwörter auf.

Katzen

Blitz

Schmutz

Spinnen

Gold

Schlag

Futter

Netz

Schatz

Fink

Fallen dir noch mehr zusammengesetzte Namenwörter mit tz ein?

Blitzschlag, _____

_____

4 Wenn du die Felder auf Julians neuem Schlafsack mit den richtigen Farben ausmalst, bleiben fünf Felder übrig. Wie heißt der Lösungssatz?

Namenwörter

Tunwörter mit tz

das	Tisch	Bär	hetzen	gemacht
Sonne	hast	kratzen	gut	schmatzen
schwitzen	blitzen	du	Uhr	Käse

Lösung: _____

Wiederholung

1 Findest du die Namenwörter im Wörtergitter?
Kreise sie ein und schreibe sie mit ihrem Begleiter auf.

B	K	Ä	F	E	R
R	E	M	L	B	A
B	B	A	L	L	U
A	P	U	S	A	M
U	Q	S	V	T	Z
M	R	A	U	T	O

_____

_____

_____

_____

_____

_____

Hier haben sich
7 Namenwörter
versteckt.

2 Kannst du die Wiewörter mit den passenden
Bildern verbinden? Schreibe sie auf.

 rund grau

klein schnell blau bunt

_____ _____ _____

_____ _____

3 Lies den Text. Unterstreiche die Tunwörter
blau und die Namenwörter rot.

Karlo sucht seinen Hund. Er schaut in den
Schuppen, doch Konfetti sitzt im Garten hinter
der Hecke. Ob Karlo ihn dort wohl findet?

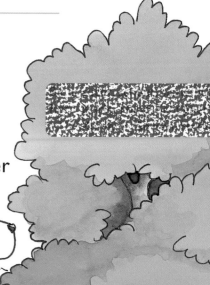

4 Setze die Namenwörter neu zusammen, sodass du sinnvolle Wörter erhältst.

~~Regen~~lampe, Taschenhütte, ~~Hundeschirm~~,

Eistopf, Streichholzbär, Goldschachtel,

Blumenfisch, Kerzenrohr, Heizungsständer

Regenschirm, _____

_____

Tipp Wenn du eine Aufgabe nicht lösen kannst, schau noch einmal vorne nach.

5 Konfetti hat Wörter verzaubert. Kannst du sie wieder zusammensetzen?

o o
Z

e S
e

a r
P a

_____ _____ _____

6 Setze die passenden Anfangsbuchstaben ein und schreibe eine Geschichte zu den Wörtern auf.

Sp   St   Sch

____ort   ____nee   ____ein   ____uhl

Knack den Code

Auf jeder Doppelseite findest du eine kleine braune Lupe. Darin steht jeweils eine Zahl.

- Schreibe die Zahlen nacheinander auf die Linien.
- Ersetze sie dann durch die Buchstaben, die auf dem Zettel versteckt sind: zum Beispiel 9 durch den Buchstaben A.
- Trage jeweils den passenden Buchstaben unter der Zahl ein. Wie heißt der Lösungssatz?

C O D E

3 = 🔲	4 = 🔲
33 = 🔲	22 = 🔲
1 = 🔲	9 = 🔲
13 = 🔲	31 = 🔲
16 = 🔲	7 = 🔲
11 = 🔲	17 = 🔲
2 = 🔲	

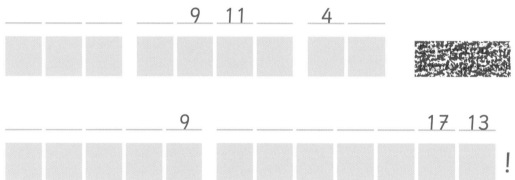

_____ _____ _____ 9 11 _____ 4 _____

_____ _____ 9 _____ _____ _____ _____ 17 13 !

Auftrag erledigt!

Code geknackt:

Datum

Mein Detektivname

Fingerabdruck   Unterschrift